Go Cambodia!
캄보디아어 기초문법

저자 **이찬댓**

ah asianhub
(주)아시안허브

ភាសាខ្មែរ

ភាសាខ្មែរ ជាខេមរៈភាសារបស់ប្រទេសកម្ពុជា ដែលមានដើមកំណើតមុនទសវត្សរ៍ទី 600 ។
ក្រោយមកភាសាខ្មែរ បានកែសម្រួលបន្ថែម នាឆ្នាំ1800 ដែលគេទទួលស្គាល់ថា ភាសាខ្មែរសម័យទំនើប
(Modern Khmer) ហូតដល់បច្ចុប្បន្ន និងមានការជួយអភិរក្សអក្សរវិទ្យ តែងជាវចនានុក្រម នាឆ្នាំ
1919 ដោយស្ថាប្រះហស្ត សម្តេចព្រះមហាសុមេធាធិបតី ជួន ណាត សម្តេចព្រះសង្ឃរាជថ្នាក់ទី១
នៃគណៈមហានិកាយ (SamdechPreahMoha Someatheathipte CHUON NATH Samdech
PreahSangRachFrist Levelof Kana Mahanikaya) Supereme Patriarch of Cambodia
ប្រែពីបួសដើមនៃភាសាបាលី និង ភាសាសំស្ក្រឹត (Pali and Sanskrit Language)
សំរាប់ប្រជាជនខ្មែរទាំងអស់ ប្រើបាស្រ់ជាផ្លូវការ ទូទាំងព្រះរាជាណាចក្រកម្ពុជា។
ក្រុមភាសាខ្មែរមាន ព្យញ្ជនៈ 33តួ (កខគឃង ចឆជឈញ ដឋឌឍណ តថទធន បផពភម
យរលវ សហឡអ) និង ស្រៈនិស្ស័យ 23តួ (ា ិ ី ឹ ឺ ុ ូ ួ ើ ឿ ៀ េ ែ ៃ ោ ៅ ុំ ំ
ាំ ះ ុះ េះ ោះ) និងស្រៈពេញតួ 11តួបន្ថែម (ឥ ឫ ឩ ឬ ឭ ឮ ឯ ឰ ឱ ឳ)។
សម្លេងព្យញ្ជនៈមាន 2ក្រុម គឺ ក្រុមគ្មអក្សរ អ ជាក្រុមទី១ និង ក្រុមគ្មអក្សរ អិ ជាក្រុមទី២។
ចំពោះសម្លេងរបស់ស្រៈគឺបញ្ចេញទៅតាមក្រុមនៃព្យញ្ជនៈ។
ដូច្នេះសិក្សាភាសាខ្មែរ គំរូអោយសិស្សទាំងអស់ចងចាំនូវរាល់ក្រុមព្យញ្ជនៈ ដូចជាជើងព្យញ្ជនៈ
និងសម្លេងរបស់ស្រៈ ផងដែរ។
ជាពិសេសសិក្សាពីរបៀបនៃការប្រើប្រាស់និងសម្លេងរបស់ស្រៈពេញតួ និងព្យញ្ជនៈពិសេស។
ភាសាខ្មែរពិបាកក្នុងការរៀនចំពោះអ្នកដំបូង ប៉ុន្តែប្រសិនបើអាចឆ្លងផុតគត្តដំបូងនេះ
ភាសាខ្មែរនឹងក្លាយជាភាសាមួយ
ដែលងាយស្រួលរៀនបំផុតក្នុងចំណោមភាសាជទេសម្រាប់អ្នកមិនខាន។
សៀវភៅមួយក្បាលនេះមាន 15មេរៀន បង្រៀនពីរបៀបអាន, សរសេរ និងនិយាយយ៉ាងច្បាស់លាស់។
សូមជូនពរអ្នកទាំងអស់គ្នាទទួលបានជោគជ័យជោគក្នុងការសិក្សារបស់អ្នក។

캄보디아어

캄보디아어는 BC600년 경 처음 만들어진 후 1800년경에 현대 캄보디아어(Modern Khmer)가 제정되면서 세계에 알려졌습니다. 1919년 캄보디아 최고학자 (등급 : 썸땃 프라머하쏘메티어 팁따이 쭈언 낫 썸땃프라썽리엇트 낙띠 무이 카나머하니까이)인 쭈언 낫 (조선의 세종대왕 같은 분)은 국민들이 언어를 쉽고 올바르게 사용할 수 있도록 하기 위하여 그 동안 혼용되어 오던 현대 캄보디아어, 발리어 그리고 산스크리트어를 통합하여 현재의 캄보디아어를 탄생시켰습니다. 그리고 그 기준이 되는 사전을 발간 보급하였습니다. 이 언어를 현재 캄보디아 국민들이 정식국어로 사용하고 있습니다.

캄보디아어는 자음 33개 모음 23개 그리고 독립모음 11개 글자가 있습니다. 자음은 음가에 따라 "어"그룹과 "오"그룹으로 구분되는데 흔히 "어"그룹을 제1그룹, "오"그룹을 제2그룹이라고 칭합니다. 모음은 어느 그룹의 자음과 결합하느냐에 따라 각기 다른 음가를 가지게 됩니다.

따라서 캄보디아어를 공부할 때는 33개의 자음과 자음받침, 그리고 23개의 모음에 있는 각각 두 개의 음가를 모두 외워야 합니다. 그리고 별도 독립모음 (이중모음)과 음가가 변형된 자음의 그룹인 제3그룹의 형태와 음가를 알고 활용할 수 있어야 합니다.

캄보디아어는 시작은 어렵지만, 시작만 잘 하면 다른 어떤 언어보다 쉽고 흥미로운 언어입니다. 이 교재를 통해 15과까지 공부하면 읽고, 쓰고, 말하기의 기본을 모두 끝낼 수 있습니다.

독자 여러분이 캄보디아어에 입문한 것을 환영하며 성공적인 결과를 기원합니다.

contents

ព្យញ្ជនៈ

자음 (쁘쫀쩨네악) 대문자

자음 (쁘쭌쩨네악) 손글자

ញ្ញញ្ញះ

꺼	커	꼬	코	응오
찌	처	쪼	초	뇨
더	터	도	토	너
떠	터	또	토	노
버	퍼	뽀	포	모
요	르로(R)	로(L)	워오	
써	허	러(L)	어	

ប 는 많이 쓰이지 않고 대신에 ប 가 더 많이 쓰이며 같은 소리로 발음됩니다.
ឈ 는 많이 쓰이지 않고 대신에 ឈ 가 더 많이 쓰이며 같은 소리로 발음됩니다.

ស្រៈនិស្ស័យ

모음 (쓰락 니싸이) 대문자

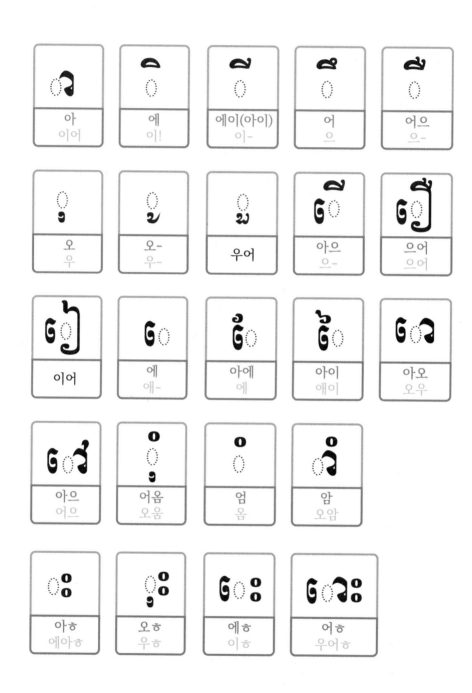

아 이어	에 이!	에이(아이) 이-	어 으	어으 으-
오 우	오- 우-	우어	아으 으-	으어 으어
이어	에 애-	아에 에	아이 애이	아오 오우
아으 어으	어옴 오움	엄 옴	암 오암	
아ㅎ 에아ㅎ	오ㅎ 우ㅎ	에ㅎ 이ㅎ	어ㅎ 우어ㅎ	

ស្រៈនិស្ស័យ　모음 (쓰락 니싸이) 손글자

아 이어	에 이!	에이(아이) 이-	어 으	어으 으-
오 우	오- 우-	우어	아으 으-	으어 으어
이어	에 애-	아에 에	아이 애이	아오 오우
아으 어으	어옴 오움	엄 옴	암 오암	
아ㅎ 에아ㅎ	오ㅎ 우ㅎ	에ㅎ 이ㅎ	어ㅎ 우어ㅎ	

◌ 는 자음의 자리 표시입니다.

11

받침 (쯔응쁘쭌쩨네악) 대문자

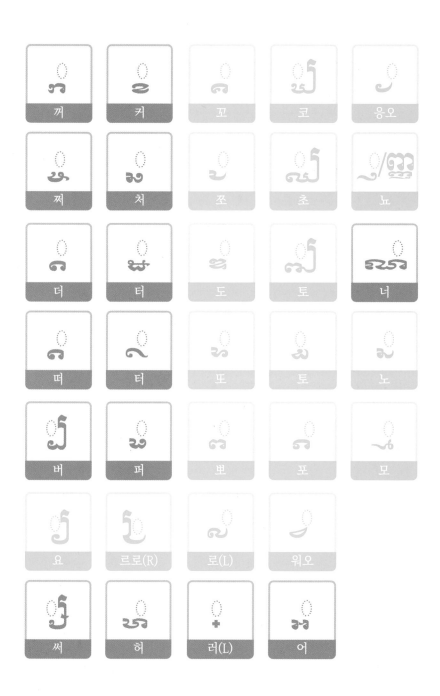

받침 (쯔응쁘쭌쩨네악) 손글자

ដើងឮញ្ញ្ស:

꺼	커	꼬	코	응오
쩌	처	쪼	초	뇨
더	터	도	토	너
떠	터	또	토	노
버	퍼	뽀	포	모
요	르로(R)	로(L)	워오	
써	허	러(L)	어	

◌ 는 자음의 자리 표시입니다.

13

독립모음 (쓰락 뻰뚜어) 대문자

ស្រៈពេញតួ

에이/이/에이

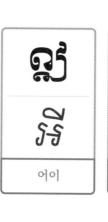

어이

우!

어으/아으

르-

르르-

르-

러르-

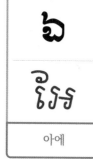

아에

아이

아오

아오

독립모음 (쓰락 뻰뚜어) 손글자

ស្រៈពេញតួ

ឯ �ៃ/ ៃ	ឰ ៃ	ឱ ំ	ឳ ៅ/ ៅ
에/이/에이	어이	우!	어으/아으
ឫ ឫ	ឬ ឬ	ឭ ឭ	ឮ ឮ
르-	르르-	르-	러르-
ឦ ៃ	ឩ ៃ	ឪ ៅ	ឥ ៅ
아에	아이	아오	아오

* ឰ 는 단어가 하나 뿐입니다.
* ឩ 는 마지막에 위치하며 거의 쓰이지 않습니다.

15

ព្យញ្ជនៈ + ស្រៈ **자음 + 모음** (쁘쭌쩨네악 + 쓰락)

● 한글이 자음 14개 (ㄱ, ㄴ, ㄷ…ㅎ)와 모음 10개 (ㅏ, ㅑ, ㅓ … ㅣ)로
세상의 모든 소리를 글로 쓸 수 있듯이
캄보디아어도 자음 33개 (ក ខ គ … អ) 와 모음 23개 (ា ិ ី … េ ះ)로
모든 소리를 글로 쓸 수 있습니다.

캄보디아어 자음을 '쁘쭌쩨네악'라고 하고
크게 음가1그룹 (ក ខ ច ឆ ដ ឋ ណ ត ថ ប ផ ស ហ ឡ អ)과
음가 2그룹 (គ ឃ ង ជ ឈ ញ ឌ ឍ ទ ធ ន ព ភ ម យ រ ល វ)으로
나누어집니다.

● 한글은 모음 (아, 야, 어, 여, 오, 요, 우, 유, 으, 이) 10개가 있습니다.
한글의 모음은 독립된 음절로 사용되지만 캄보디아어는 독립적으로 음절을 만들지 못합니다.
참고로 이와는 별도로 독립모음이 있습니다.
다음 교재에서 자세히 다루겠습니다.

그래서 캄보디아어의 모음은 반드시 자음을 만나야 음가를 가집니다.
이 때 주의해야 할 것은 자음이 몇 그룹이냐에 따라서 모음이 두 가지로 다르게 발음된다는 점입니다.
이로인해 많은사람들이 캄보디아어는 어렵다는 편견을 갖고 있기도 합니다.

● 캄보디아어 모음은 '쓰락 니싸이' 또는 '쓰락' 라고 합니다.

ា ◌ិ ◌ី ◌ឹ ◌ឺ ◌ុ ◌ូ ◌ួ េើ េឿ ៀ េ ែ ៃ ោ ៅ ◌ុំ ◌ំ ◌ាំ ◌ះ ◌ុះ េះ ោះ

총 23개로 구성되어 있습니다.

그러나 어느 그룹 (1그룹, 2그룹)의 자음과 결합하느냐에 따라 음가가 변하기 때문
에 23개의 음가가 아니라 46개의 음가를 가지게 됩니다.

음가 1 그룹에 속하는 자음들은 저음 ("어" 안 쓰는 모음)을 가지며
음가 2 그룹에 속하는 자음들은 고음 ("오" 안 쓰는 모음)을 가집니다.

캄보디아어 자음은
자음 하나만으로도
뜻을 가진 단어가 됩니다.

ក្រុមព្យញ្ជនៈទី1 자음(쁘쭌쩨네악) **1그룹** (어 음가)

⬤ 한글 자음은 모음과 결합하여 음절을 이루지만 캄보디아어는 자음 하나만으로도 음절을 가질 수 있습니다. 왜냐하면 캄보디아어 자음은 항상 안 쓰는 모음음가를 가지고 있기 때문입니다. 15개의 자음 1그룹 음가 "어" 글자 모양을 살펴보겠습니다.

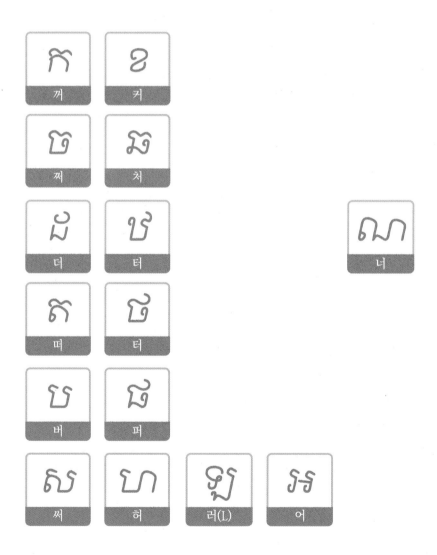

ស្រៈនិស្ស័យ សម្លេងទី 1 모음 (쓰락 니싸이) 1번 음가

● 1 그룹 자음 (어 음가)과 만날 때

아	에	에이(아이)	어	어으
오	오-	우어	아으	으어
이어	에	아에	아이	아오
아으	어옴	엄	암	
아흐	오흐	에흐	어흐	

제 1 과 **자음**(쁘쭌쩨네악) **1그룹**

មេរៀនទី1 ព្យញ្ជនៈ ក្រុមទី១

ព្យញ្ជនៈ

자음

នេះគឺ ក

ព្យញ្ជនៈ + ស្រៈ ា　자음 + 모음 ា

កា

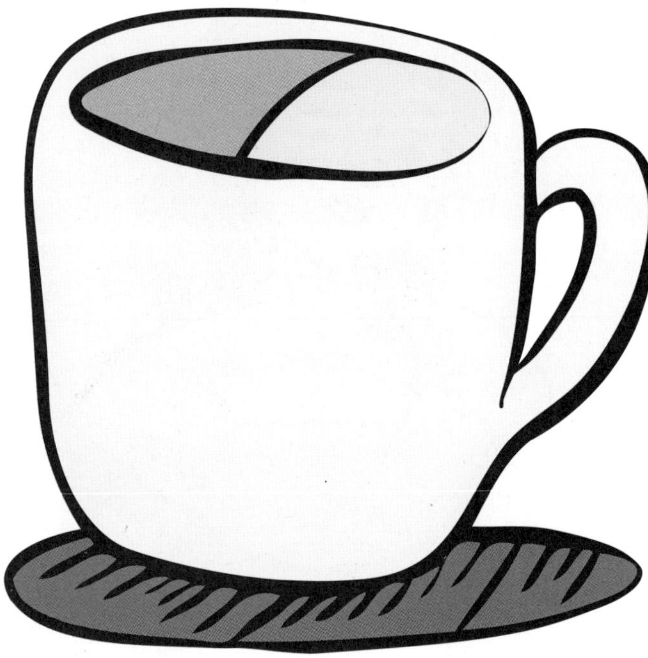

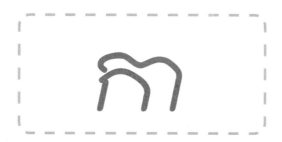

នេះគឺ កា

ខា

គេ ខ គោ

គេ ខាវ រំបោះ

ព្យញ្ជនៈ + ស្រៈ ា   자음 + 모음 ា

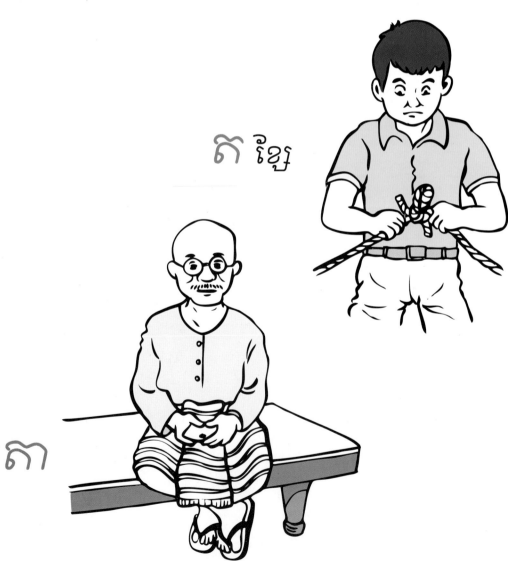

តា ខ្ញុំ

តា

ព្យញ្ជនៈ + ស្រៈ ា   자음 + 모음 ា

ច ញ ឈ ឃ

ឈ

ព្យញ្ជនៈ + ស្រៈ ០ ០ ០ ០   **자음 + 모음** ០ ០ ០ ០

១កន្ទេល

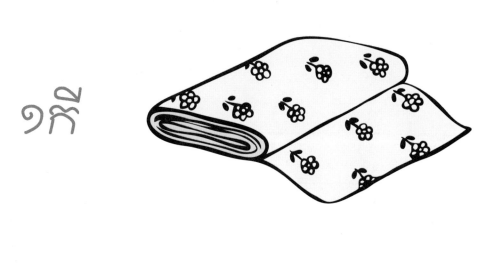

គ្រែ

រៀនសាដើមឡើងវិញ 자음 + 모음 연습

នេះគឺ **តា**

ក២

គេ **ខ**

គ

នេះគឺ **ក**

ឃ

제 2 과 **자음 + 모음** (쁘쭌쩨네악 + 쓰락)

មេរៀនទី2 ព្យញ្ជនៈ + ស្រៈ

ព្យញ្ជនៈ + ស្រៈ ◌ុ ◌ូ ◌ួ   **자음 + 모음** ◌ុ ◌ូ ◌ួ

ក ខ គ ឃ ង

កុ កូ កួ   ខុ ខូ ខួ   គុ គូ គួ   ឃុ ឃូ ឃួ   ងុ ងូ ងួ

ស្រូវ

ខួរ

តុ

៍ : 단어의 마지막 자음이 ៍이면 발음하지 않습니다. (묵음)

ព្យញ្ជនៈ + ស្រៈ 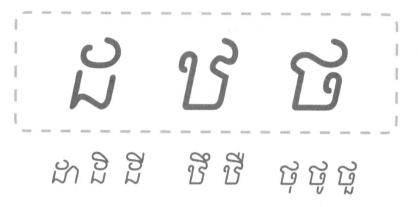   자음 + 모음 ុ ូ ួ

្ង ្ង ្ង   ្ង ្ង ្ង   ្ង ្ង ្ង

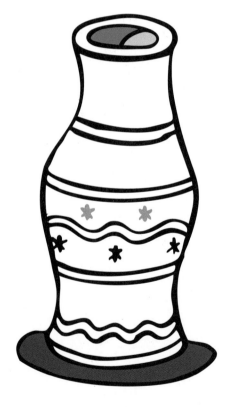

ថ្ង

ព្យញ្ជនៈ + ស្រៈ ើ ៀ ឿ   자음 + 모음 ើ ៀ ឿ

ដ ត ខ ក

ដើ តើ ខើ   កើ ជៀ កៀ   ក្បៀ(រ)ជី

គេ ដេរ

Lesson 03

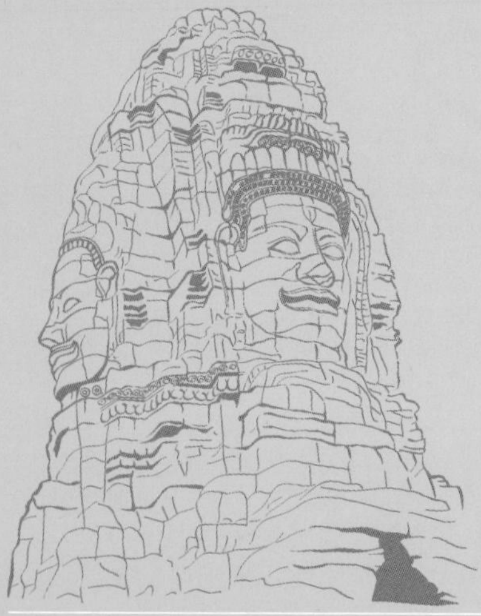

제 3 과 **자음 + 모음** (쁘쭌쩨네악 + 쓰락)

មេរៀនទី3 ព្យញ្ជនៈ + ស្រៈ

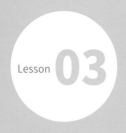

ញ្ញូន: + ស្រៈ: េ ៀ ឿ 자음 + 모음 េ ៀ ឿ

កេ ខេ ងេ ដេ តេ
ថេ ចេ នេ កេ ថេ
ខេ កកេ(រ) ដេ(រ)

ខែ

គេ ដេរ

ញ្ញ្ញាន: + ស្រ: ៀ ៀ ៀ   **자음 + 모음** ៀ ៀ ៀ

ប   ផ្ឋ

ប ប្បា ប៉ិ ប៊ី ប៊ី ប៊ី ប៉ុ ប៉ូ ប្ឋ ប៉ើ ប៉ឿ
 បេ បែ បៃ ផ្ឋា ផៃ្ឋ បប(រ) បប្ឋ(រ)

ផៃ្ឋ

"ប" 글자는 모음 " 아/아오/아으/암/어 ㅎ"를 만나면 글자 모양이 다르게 변합니다.
예) ប + 1 = "ប្ហ 바", "ប្ហោ 바오", "ប្ហៅ 바으", "ប៉ាំ 밤" 그리고 "ប្ហោះ 버ㅎ"

Lesson **04**

제 4 과 **자음 + 모음** (쁘쭌쩨네악 + 쓰락)

មេរៀនទី4 ព្យញ្ជនៈ + ស្រៈ

ញ្ញញន: + ស្រៈ ៅ ៅ　　자음 + 모음 ៅ ៅ

កោ(រ) ខោ តោ ចោ(រ) គោ
ថោ កៅ តៅ ដៅ ចៅ ផៅ គៅ
តាថៃចៅ　ចៅងាឪតា　តៅដើ(រ)

តាបីចៅ　　　　　　តោ

កោរ

ព្យញ្ជនៈ + ស្រៈ ោ ៅ   자음 + 모음 ោ ៅ

ណា ណិ ណី ណឹ ណឺ ណុ ណូ ណួ
ណើ ណឿ ណេ្យ ណោ ណែ ណៃ
ណោ ណៅ   ប្ញុណាក្បៀ(រ)ជី

ប្ញុណាក្បៀរជី

រៀនសាដើមទ្បើងវិញ 자음 + 모음 연습

ដេរ

ដេរ

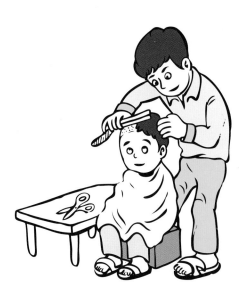

កោរ

កកេរ

제 5 과 **자음 + 모음** (쁘쭌쩨네악 + 쓰락)

មេរៀនទី5 ព្យញ្ជនៈ + ស្រៈ

ព្យញ្ជនៈ + ស្រៈ ◌ុំ ◌ំ ◌ះ | 자음 + 모음 ◌ុំ ◌ំ ◌ះ

កុំ កំ ខុំ ខំ ឧៈ ចំ ចាំ ងុំ ងំ ងាំ
ងិបៅ កំបៅ(រ) ងុំជី ចំកា(រ)តែ
ចៅតុខាំដែត តាៈក

ចំការតែ

ងំ

ញ្ញ្ញន: + ស្រ: ◌ំ ◌ំ ◌ៈ   자음 + 모음 ◌ំ ◌ំ ◌ៈ

ស   ហ

សា សិ សី សឹ សឺ សុ សូ ស្ូ សេី សៀ
ហៀ ហេ ហៃ ហៃ ហា ហៅ ហុំ ហំ
ហំ ហៈ ស(រ)សេ(រ) ខែសីហា ហេី(រ)

បបររហៀរ

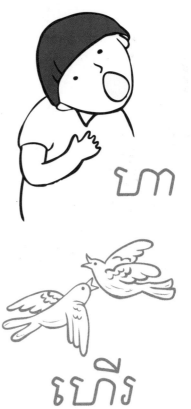

ហា

ហេីរ

41

ព្យញ្ជនៈ + ស្រៈ ◌ុំ ◌ំ ◌ះ | 자음 + 모음 ◌ ◌ ◌

សៅ

សិ

សរសេរ

Lesson 06

제 6 과 **자음 + 모음** (쁘쭌쩨네악 + 쓰락)

មេរៀនទី6 ព្យញ្ជនៈ + ស្រៈ

ព្យញ្ជនៈ+ស្រៈ ុះ េាះ ោះ   자음+모음 ុះ េាះ ោះ

សេះ កោះ ផេះ ហោះ ថោះ
ដុះ បេះ ធេះ ប៉ៅដោះ

សេះ

ប៉ៅដោះ   កោះ

ឡ្លី ឡ្លូ រា រី រូ រី សំឡ្លី ឡ្លឡ្លា
រំបោះ កោរី នៅឡ្លា កីឡ្លា
ឡ្លះឡ្លាះ កុំឡ្លឡ្លា កុំនៅឡ្លា

កុំឡ្លឡ្លា

កីឡ្លា   រំបោះ

45

លំហាត់-1 단어 복습 (명사)

● នេះគេហៅថាអ្វី?

(   )   (   )   (   )

(   )   (   )   (   )

លំហាត់-2 단어 복습 (동사)

● គេកំពុងធ្វើអ្វី?

(   )   (   )   (   )

(   )   (   )   (   )

ក្ប្យញ្ជនៈខ្មែរជាពាក្យ 단독자음으로 단어가 되는 캄보디아어

● 캄보디아어는 단독자음 만으로도 뜻을 가진 하나의 단어가 성립됩니다.

단독자음	뜻	자음+묵음	뜻
ក 꺼	목		
ខ 커	캄보디아 음식	បេះ 버	(동물로)운전하다
គ 쩌	개띠	គេះ 어	기쁨
ឃ 더	선착장	ដេះ 더	부어 오른
ង 떠	연결하다		
ស 써	흰 (색깔)		
ឡ 러(L)	용광로		

ះ : 단어의 마지막 자음이 ះ이면 발음하지 않습니다. (묵음)

1그룹 15개의 자음 중 10개의 자음이 단독으로 뜻을 가지고 있습니다.
꼭 기억하세요.
ះ는 발음하지 않지만 (묵음) 있을 때와 없을 때는 단어의 뜻이 달라집니다.

ការបែងចែកសម្លេងស្រៈនិស្ស័យ 모음 음가 구분

● 캄보디아어를 읽기 어렵다는 것은 아마도 모음 음가 때문일 것입니다.

모든 모음은 두개의 음가를 가지고 있어서 자음과 만났을 때 어떨 때 어떤 음가를
가지는지 정확히 파악하기 어렵다고요?
쉽게 생각해보자면 자음 1그룹은 "어"그룹이며 모음 음가 1번과 결합하여 발음되
고 자음 2그룹 "오"그룹은 모음 음가 2번과 결합하여 발음되는 것입니다.

결국 자음이 1그룹이면 모음도 1번 음가고 자음이 2 그룹이면 모음도 2번 음가로
발음된다고 생각하면 되겠죠?

단순하게 생각하고 다시 한 번 시작해봅시다.

ក្រុមព្យញ្ជនៈទី2 자음(쁘쭌쩨네악) 2그룹 (오 음가)

한글 자음은 모음과 결합하여 음절을 이루지만 캄보디아어에서는 자음 하나만으로도 음절을 가질 수 있습니다. 앞서서도 언급했듯이 왜냐하면 캄보디아어 자음은 안 쓰는 모음음가를 가지고 있기 때문입니다. 자음 2그룹 18개의 음가 "어" 글자 모양을 살펴보겠습니다.

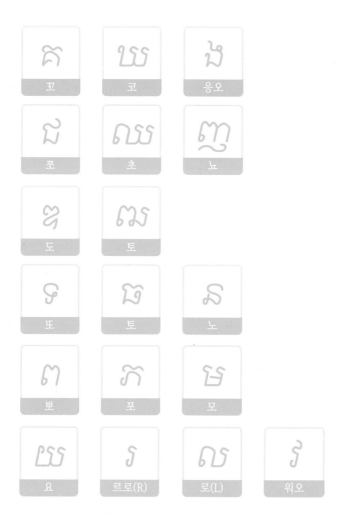

គ 꼬	យ 코	ង 응오
ជ 쪼	ឈ 초	ញ 뇨
ឌ 도	ឍ 토	
ទ 또	ធ 토	ន 노
ព 뽀	ភ 포	ម 모
យ 요	រ 르로(R)	ល 로(L)	វ 워오

ស្រៈនិស្ស័យ សម្លេងទី 2 모음 (쓰락 니싸이) 2번 음가

● 2그룹 자음 (오 음가)과 만날 때 (음성파일과 연습)

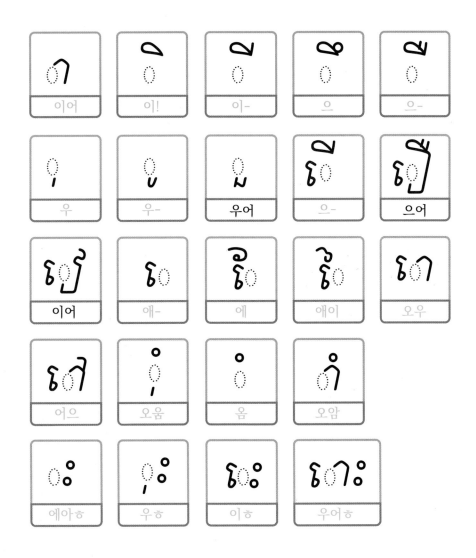

◯ 는 자음의 자리 표시입니다.

제 7 과 **자음** (쁘쭌쩨네악) **2그룹**

មេរៀនទី7 ព្យញ្ជនៈ ក្រុមទី២

ព្យញ្ជន: ក្រុមទី២   자음 그룹

គ គឺ គូ គូ គើ គេ គោ គុំ គោះ
បូណាគោះតុ កុំគុំគេ កុំភ(រ)គេ
សុផាចេះភាសាថៃដែ(រ)

គោ   គេ

ឈ ជ ង

ជា ជី ឈូ ជូ ឈើ ជៀ ជេ ជុំ ជំ ជាំ
ជៈ ជុៈ ងោៈ ខែងា កា(រ)ងា(រ)
ឈ(រ)ជា(រ) សុជាជាំងៃ ជីតាបូណា
ជីតាជាជំងឺ ខោចៅតុឈ(រ)

ខោចៅតុឈូរ   សុជាគូរគោបាជំ

제 8 과 **자음 + 모음** (쁘쫀쩨네악 + 쓰락)

មេរៀនទី៨ ព្យញ្ជន: + ស្រ:

ព្យញ្ជន: + ស្រៈ:   자음 + 모음

ឈ   ឈ

ល លា លី លឺ លូ ឈើ ឈឺ
ឥល ឈោ លំ លាំ លៈ ឈោៈ
លាឈ(រ)   ថៅសៅលីឈើ

ឈើ   អារឈើ

ព្យញ្ជនៈ + ស្រៈ   자음 + 모음

ព   ញ

ពី ព ពូ តៃព ពាំ ញ្ញាំ ញី ញូ សំពៅ
ញញ្ញ(រ) ពូថៅ ពៃព សុផាឈីពោះ
ជីតាបំពៅថៅ

សុផាឈីពោះ   ពៃព

제 9 과 **자음 + 모음** (쁘쭌쩨네악+ 쓰락)

មេរៀនទី៩ ព្យញ្ជនៈ + ស្រៈ

ទ ន ម

ទា នា មា ទូ ន័ មេ នៃ ទៅ ទុំ
ទំ នាំ ទះ នុះ នេះ មេអំបៅ
នាឡិកា មើម ទំព ទំនេ(រ)
នំអាកោ នារីទៅសាលា គេស្ទ(រ)
បូណាថាៈ តើមេអំបៅទំនៅទីណា?

នាឡិកា

មេអំបៅទំនៅទីនេះ

ព្យញ្ជន: + ស្រ: 자음 + 모음

យ្យ   ឫយ

យុំ យោ(រ)យៅ យំ យីរេក
ទាយ័កិកិ មេយុំណ(រ)
មេយុំថាះ ចូ(រ)កុំយោ(រ)យៅ

មេយុំណរ   កិកិ   ទាយ័កិកិ

제 10 과 **자음 + 모음** (쁘쭌쩨네악 + 쓰락)

មេរៀនទី១០ ព្យញ្ជនៈ + ស្រៈ

ព្យញ្ជនៈ + ស្រៈ 자음 + 모음

រ រ

រ រា រិ រី រឹ រឺ រុ រូ រាំ រៃ នារា
របាំ ររៃ ខែរះ មេអំបៅហើ(រ)រេរា
នារីរៃអំបោះ រៃយំលីស្វូ(រ)ពិរោះ
នារីសួ(រ)ពូជាថា៖ នេះជាគោពូមែនទេ?
ពូជាថា៖ ទេ នេះ ជាគោបូណាទេ។

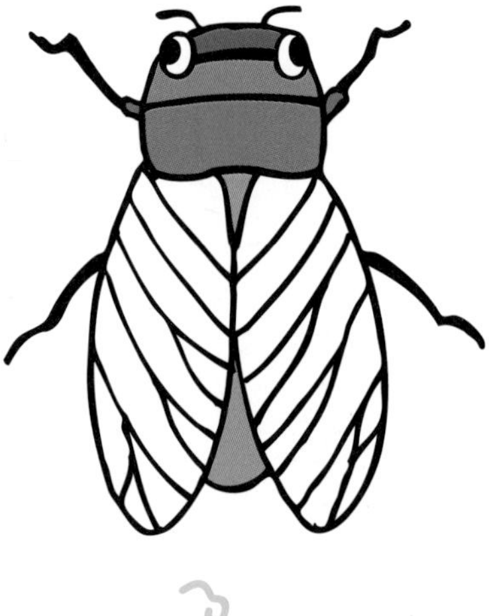

រៃ

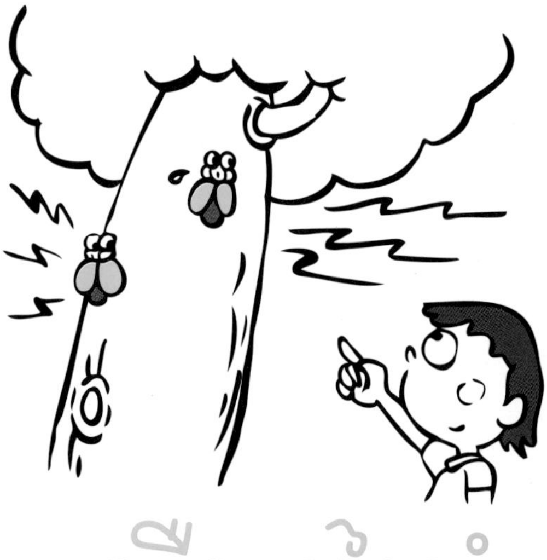

លីស្វូររៃយំ

ព្យញ្ជនៈ + ស្រៈ   **자음 + 모음**

ឍ ឍី ឍេ ឍែ ណាទីដើ(រ)ទៅណា?
ឍ ឍា ឍិ ឍី ឍាមរ

ឍាមរ

រៀនសាដើមទ្បើងវិញ 자음 + 모음 연습

លា

គោ

ពពែ

ឈើ

មេអំបៅ

 រុយ

ទា

កែ

នាឡិកា

រៀនសាដើមទ្បើងវិញ 자음 + 모음 연습

សេះ

កោះ

សំពៅ

សី

ពូផៅ

ញញួរ

ឆ្ពោះដោះ

ឈរ

រាំ

សេចក្ដីពន្យល់ 설명

ក្ញ្ចញ្ចញ្ជនៈខ្មែរជាពាក្យ 단독자음으로 단어가 되는 캄보디아어

⬤ 캄보디아어는 단독자음 만으로도 뜻을 가진 하나의 단어가 성립됩니다.

단독자음	뜻	자음+묵음	뜻
ក្ក 꼬	벙어리	ក្ករ 꼬	쌓다
ទ 또	(지붕의) 홈통	ង្ងរ 응오	굽히다
ព 뽀	(애기를) 안다	ព្ពរ 뽀	소원
ល 로	(옷을)입어(보다)	ល្លរ 초	서다
		ក្ហរ 포	거짓말하다

ր는 발음하지 않지만 (묵음) 있을 때와 없을 때는 단어의 뜻이 달라집니다.

자음 2그룹 18개 중 8개의 자음이 단독으로 뜻을 가지고 있습니다.
꼭 기억하세요.

제 11 과 **변형자음**

메រៀនទី11 ព្យញ្ជនៈប្រែប្រួលសម្លេងក្រុម

ញញាន:ប្រែប្រួលសម្លេងក្រុម 변형자음

캄보디아에서 국민들이 사용하는 국어는 캄보디아어(크마에어)입니다.

캄보디아어는 전세계에서 가장 많은 자음과 모음 음가를 가지고 있기 때문에 세상의 모든 소리를 문자로 표현할 수 있는 언어입니다. 자음은 두개의 그룹으로 나뉘어지며 그 그룹에 따라 고유의 음가를 가지고 있습니다. 각각 자음의 음들은 짝이 있습니다. 그러나 짝이 없는 자음음가가 다른 그룹의 음가로 변하기도 합니다. 이것이 변형자음입니다.

변형자음은 캄보디아어만의 독특한 특징 중 하나입니다. 여기에는 간단한 원리가 있습니다. 이것을 이해하면 캄보디아에서 실제 사용되는 발음을 쉽게 이해하고 유창하게 발음할 수 있습니다.

변형자음에는 무엇이 있으며 어떻게 발음되는지 살펴보겠습니다.

변형자음은 캄보디아어 발음 규칙의 중요한 부분이기 때문에 기본 자음 33개와 구별하여 설명하고자 합니다.

자음 음가의 짝

자음 발음	자음 1그룹 ស-ร "어"	자음 2그룹 ស-ร "오"
[ㄲ]	ក	គ
[ㅋ]	ខ	ឃ
[ㅉ]	ច	ជ
[ㅊ]	ឆ	ឈ
[ㄷ]	ដ	ឌ
[ㅌ]	ឋ	ឍ
[ㄸ]	ត	ទ
[ㅌ]	ថ	ធ
[ㅍ]	ផ	ភ
[ㄴ]	ណ	ន
[ㄹ]	ឡ	ល
[ㅃ]	ប៉	ព
[ㅂ]	ប	ប៊

* "ន 노" 와 "ល 로(L)"는 별도 해설페이지를 참고하세요.
* "ប 버 → ប៊ 보 → ប៉ 뻐 → ព 보" 는 별도 해설페이지를 참고하세요.

ព្យញ្ជនៈ33តួ និងព្យញ្ជនៈបន្ថែម13តួ 자음33개와 변형자음 13개

자음33개	변형자음 13개
ក ខ គ យ ង	ង៉
ច ឆ ជ ឈ ញ	ញ៉
ដ ឋ ឌ ឍ ណ	
ត ថ ទ ធ ន	ន៉
ប ផ ព ភ ម	ប៉ ប៊ ម៉
យ រ ល វ	យ៉ រ៉ ល៉ វ៉
ស ហ ឡ អ	ស៊ ហ៊ អ៊

"ន 노" 와 "ល 로(L)는 ន៉ 너 / ល៉ 러(L)"로 쓰지는 않고 음가만 변합니다.
단독으로 쓰일 때는 2 그룹의 음가 (오)를 갖습니다.
그러나 다른 자음이 앞에 있을 때는 앞에 오는 자음 그룹의 영향을 받아
1그룹이나 2 그룹의 음가를 각각 다 가질 수 있습니다.

លក្ខណៈនៃក្រុមព្យញ្ជនៈប្រែប្រួល 자음 그룹의 변형

● 뜨라이쌉 (៊) 기호는 자음 1그룹 저음(어 그룹)을 자음 2그룹 고음(오 그룹)으로 변환 시키는 기호입니다. 이렇게 만들어진 변형자음은 4개가 있습니다.

● 트메인껀덜 (모쎄끄또안) (៉) 기호는 자음 2그룹 고음(오 그룹)을 자음 1그룹 저음(어 그룹)으로 변환시키는 기호입니다. 변형자음은 9개가 있습니다.

그러므로 모두 합하면 13개의 변형자음이 있습니다. 이 두 종류의 기호를 사용하면 그룹이 바뀌는 겁니다.

예시1) 1그룹 자음을 2그룹 자음으로 : 뜨라이쌉 (៊)

ប 버   ស 써   ហ 허   ឦ 어   자음 1그룹 음가에서

ប៊ 뽀   ស៊ 쏘   ហ៊ 호   ឦ៊ 오   자음 2그룹 음가로 바꾸고

예시2) 2그룹 자음을 1그룹 자음으로 : 트메인껀덜 (모쎄끄또안) (៉)

ង 응오   ប៊ 보   ញ 뇨   ម 모   ន 노   យ 요

រ 르로   ល 로   វ 워오   자음 2 그룹 음가에서

ង៉ 응어   ញ៉ 녀   ប៉ 뻐   ម៉ 머   ន៉ 너   យ៉ 여

រ៉ 르러   ល៉ 러   វ៉ 워   자음 1그룹 음가로 바뀝니다.

ការផ្លាស់ក្រុមព្យញ្ជនៈទី1 ទៅ ក្រុមព្យញ្ជនៈទី2   자음(쁘쭌쩨네악) 1그룹 음가 → 2 그룹 음가로 변화

아래에 5개의 자음이 프라이쌉 " $\overset{\circ}{\text{O}}$ " 과 결합하여 1그룹 음가에서 2그룹음가로 바뀌는 예를 살펴보겠습니다.

1그룹의 음가인 "어" 음이 2그룹 음가인 "오" 음으로 바뀌었습니다.

자음 1그룹	자음 2그룹
ប 버	ប៊ 보
ប៉ 뻐	ព 뾰
ស 써	ស៊ 쏘
ហ 허	ហ៊ 호
ឝឝ 어	ឝឝ 오

លក្ខណៈពិសេសស្រៈនិស្ស័យជាមួយព្យញ្ជនៈ: 모음과 자음의 결합 특징

주의 사항 : 4개의 변형자음들이 모음을 만날 때

● 뜨라이쌉(◌̃)이 결합하여 변경된 4개의 자음2그룹 (ប៊ 보 ស៊ 쏘 ហ៊ 호 អ៊ 오)
이 6개의 모음 (◌ិ ◌ី ◌ឹ ◌ឺ ◌ើ ◌ៀ) 을 만날 때 뜨라이쌉(◌̃) 기호는 없어지고
(◌ុ) "오" 모음으로 바꾸어 쓰게 됩니다.
그러나 ប៊ "보" 자음이 다른 변형 자음들과 달리 뜨라이쌉(◌̃)기호를 바꾸지 않고 유
지합니다.

● 그러나 이러한 4개의 변형자음이 아래3개의 모음을 만날 때는 뜨라이쌉(◌̃)기호를 쓰
지 않습니다. 왜냐하면 이 3개의 모음은 모두 음가가 1그룹, 2그룹으로 음가가 구별되지
않고 하나이기 때문입니다.

● 아래 7개의 모음들이 변형 자음을 만날 때 뜨라이쌉(◌̃)기호를 쓰지 않습니다.

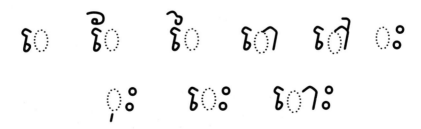

សាប៊ូ កៅស៊ូ តៅហ៊ូ
ហ៊ា វ៉ើង តស៊ូ អ៊ូ

ស៊	+ ឿ ៀ	=	ស៊ៀ
ហ៊	+ ៊ី	=	ហ៊ី
ហ៊	+ ៊ឺ ហា	=	ហ៊ឺហា
* ប៊	+ ៊ឹ ច	=	ប៊ឹច
* ប៊	+ ៊ឺ ចង	=	ប៊ឺចង

សាប៊ូ

74

ការផ្លាស់ក្រុមព្យញ្ជនៈ ទី2 ទៅ ក្រុមព្យញ្ជនៈ ទី1 | 자음(쁘쩐쩨네악) 2그룹 음가 → 1그룹 음가로 변화

● 아래에 9개의 자음이 모쩨끄도안 " ◌̈ " 과 결합하여 2그룹 음가에서 1그룹 음가로 바뀌
는 예를 살펴보겠습니다.

2그룹 음가인 "오" 음이 1그룹음가인 "어"음으로 바뀌었습니다.

자음 2그룹	자음 1그룹
ង 응오	ង̈ 응어
ញ 뇨	ញ̈ 녀
ប 보	ប̈ 뻐
ន 노	ន̈ 너
ម 모	ម̈ 머
យ 요	យ̈ 여
រ 르로(R)	រ̈ 르러(R)
ល 로(L)	ល̈ 러(L)
វ 워오	វ̈ 워

75

លក្ខណៈពិសេសស្រៈ និងព្យាយជាមួយព្យញ្ជនៈ 모음과 자음 결합 특징

중요 사항 : 13개의 변형자음들이 모음을 만날 때 음가의 변화

⬤ 트메인껀덜 (모쎄까또안)(̈)기호가 결합하여 제2그룹에서 제1그룹으로 바뀐 자음 9개
(ង៉ 응어 ញ៉ 녀 ប៉ 뻐 ន៉ 너 ម៉ 머 យ៉ 여 រ៉ 르러 ល៉ 러(L) វ៉ 워) 가
6개 (◌ុ ◌ូ ◌ួ ◌ើ ◌ៀ ◌ាំ) 모음을 만날 때는
트메인껀덜 (모쎄까또안)(̈)기호는 (◌ុ) "오" 음을 변화시킵니다.

⬤ 변형된 자음을 살펴보면 고음을 저음으로 변환시키는 트메인껀덜 (모쎄까또안) (̈)
기호를 사용하여 위에서 보듯이 9개가 있습니다.
이들 변형자음은 아래3개의 모음을 만날 때 (모쎄까또안) (̈)기호를 쓰지 않습니다.
왜냐하면 이 3개의 모음은 모두 음가가 하나이기 때문입니다.

⬤ 아래 2개의 모음을 만날 때 (모쎄까또안) (̈) 기호를 쓰지 않아도 됩니다.

សញ្ញាធ្មេញកណ្ដុរ រឺ មូសិកទន្ត (៉) 변형 자음 - 기호 "트멘꺼덜,모쎄끄똔" (៉)

ង៉ា ញ៉ា ង៉ើ ញ៉ើ ប៉ើ ម៉ើ រ៉ើ
រ៉ែ ម៉ែ យ៉ែ ប៉ៅ ម៉ៅ រ៉ៅ ប៉ះ
ហោប៉ៅខោ ទទាយ៉ែ

ញ៉ + ◌ាំ = ញ៉ាំ

ចាប៉ + ◌ី = ចាប៉ី

រ៉ + ◌ាំ រ៉ៃ = រ៉ាំរ៉ៃ

ឆៃយ៉ + ◌ាំ = ឆៃយ៉ាំ

ម៉ែបីកូនង៉ា

ម៉ូតូ

변형자음의 규칙

자음 1그룹 (어 음가)	변 형	자음 2그룹 (오 음가)
ក 꺼		គ 꼬
ខ 커		ឃ 코
	ង 응어	ង 응오
ច 쩌		ជ 쪼
ឆ 처		ឈ 초
	ញ 녀	ញ 뇨
ដ 더		ឌ 도
ឋ 터		ឍ 토
ណ 너	* ន 너	ន 노
ត 떠		ទ 또
ថ 터		ធ 토
ប 버	ប៊ 보	
	ប៉ 뻐	ព 뽀
ផ 퍼		ភ 포
	ម៉ 머	ម 모
	យ៉ 여	យ 요
	រ៉ 르러 (R)	រ 르로(R)
	វ៉ 워	វ 워오
ស 써	ស៊ 쏘	
ហ 허	ហ៊ 호	
ឡ 러 (L)	* ឡ៊ 러 (L)	ល 로 (L)
អ 어	អ៊ 오	

변형자음으로 만들어진 단어

⚫ 자음 2그룹 음가에서 자음 1그룹 음가로 바뀐 예를 살펴 보겠습니다.

⚫ 변형자음에 주의하여 소리내어 읽어 보세요. 단어의 끝에 (마지막) 오는 자음은 단지 받침으로만 사용되기 때문에 그룹을 구별할 필요가 없습니다.

자음 2	모음	자음	단어	발음	뜻이
ង៉	ា 아	X	ង៉ា	응아	(애기)우는 소리
ញ៉	ាំ 암	X	ញ៉ាំ	냠	먹다
ញ៉	ៀ 아에	X	ៀញ៉	냐에	꼬시다
ប៉	ា 아	X	ប៉ា	빠	아빠
ប៉	េ 에	ន	ប៉េន	뻰	능력있다 (지식 등)
ម៉	ៀ 아에	X	ៀម៉	마에	어머니
រ៉	ៀ 아에	X	ៀរ៉	라에	광산
វ៉	ៃ 아이	X	ៃវ៉	와이	싸우다

⚫ 변형자음을 사용하는 단어들은 이외에도 많이 있습니다. 우선 보기의 단어들을 소리내어 읽으면서 연습해 보십시오.

변형자음의 단어

⬤ 자음 1그룹 음가에서 자음 2그룹 음가로 변화된 모습입니다.

⬤ 변형자음 글자들의 모습을 잘 살펴 보세요. 단어의 끝에 (마지막) 오는 자음은 단지 받침으로만 사용되기 때문에 그룹을 구별할 필요가 없습니다.

자음 2	모음	자음	단어	발음	뜻이
ស៊	◌ាំ 오암	X	ស៊ាំ	쏘암	익히다/길들다
ស៊	េ◌ើ 으-	ប	ស៊ើប	씁	조사/조회
ស៊	◌ុំ 오움	X	ស៊ុំ	쏘움	액자
ហ៊	◌ា 이어	ន	ហ៊ាន	히언	용기/감히
ហ៊	◌ុ 우	ន	ហ៊ុន	훈	주식
ហ៊	◌ុ 우	ម	ហ៊ុម	훔	둘러싸다
អ៊ំ	◌ុំ 오움	X	អ៊ុំ	(오)움	고모 (부모의 여자형제)
អ៊ំ	◌ុ 우	ត	អ៊ុត	욷/웃	다리미질하다
ប	◌ី 이!	ច	បិច	빚	불펜

⬤ 변형자음을 사용하는 단어들이 많이 있지만 우선 있는 몇 가지만 잘 살펴보시고 익히시면 됩니다.

제 12 과 **캄보디아어 단어 읽기 1 음절어 (1)**

មេរៀនទី 12
ការរៀនបញ្ចេញសម្លេងភាសាខ្មែរដំបូង

របៀបអានពាក្យខ្មែរ

1음절어 읽는 방법

● 한글이 읽기 쓰기 규칙이 간단 명료하며 과학적이듯이 캄보디아어도 소리글로써 발음 규칙이 간단하고 과학적입니다. 이러한 원리만 알면 캄보디아어 읽기를 쉽게 익힐 수 있습니다.

전체적으로 보면 다음 3가지의 경우가 있습니다. 첫째 자음 하나가 한 음절을 이룬 형태, 둘째 자음 (+안 쓰는 모음) + 자음의 형태, 셋째 자음 + 모음 + 자음이 한 음절을 이루기도 합니다.

● 이 단원에서는 편의상 1 그룹 자음만 다루고자 합니다.

ក ខ ច ឆ ដ ឋ ណ ត

ថ ប ផ ស ហ ឡ អ

" ឡ " 글자는 발음이 2개 밖에 없습니다. 자음으로 많이 쓰이지 않은 글자입니다.

자음 + 자음

● 한글은 음절이 성립되려면 "가"에서 처럼 " 자음 (ㄱ) + 모음 (아)" 이 기본이지만 캄보디아어에서는 자음이 모음음가를 동시에 가지고 있기 때문에 " 자음 (+ 안 쓰는 모음) + 자음" 으로 한 음절을 만들어 냅니다.

예) ក 꺼 (ㄲ+ 어) + ក ㄲ = កក " 꺽" 이라고 발음 됩니다.

● 자음과 자음이 만날 때는 앞 자음은 기본음가를 유지해주고 뒤 자음의 음가는 받침으로 발음합니다. 그리고 2개의 자음이 결합 되어 음가가 부드럽고 길어집니다.

복수자음	발음	뜻
កក	꺽~	얼다
កង	껑~	원형
ខក	컥~	놓치다
ចង	쩡~	묶다
ចប	쩝~	괭이
ចត	쩟~	주차하다
ដង	덩~	1.(물을)긷다　2. 손잡이(칼,도끼,삽)
ដប	덥~	(술) 병
បង	벙~	형 / 오빠
សក	썩~	(껍질을) 벗기다
សង	썽~	갚다

83

រៀនពាក្យ (ព្យញ្ជនៈ + ស្រៈ) 단어 연습 (자음과 모음)

(음성파일)

자음	모음	단어	발음	뜻
ក 꺼	េាះ 어ㅎ	កេាះ	꺼ㅎ	섬
ខ 커	េា 아오	ខេា	카오	바지
ច 쩌	ាំ 암	ចាំ	짬	기다리다 / 외우다 / 기억하다
ឆ 처	ា 아	ឆា	차	볶음
ដ 더	ុះ 우ㅎ	ដុះ	도ㅎ	싹 / 봉오리
ត 떠	ុ 오	តុ	또/똑	탁자
ថ 터	ូ 오-	ថូ	토-	병 (꽃, 물)
ប 버	ី 에이	បី	베이	숫자 3
ផ 퍼	ើ 아에	ផើ	파에	항
ស 써	េះ 에ㅎ	សេះ	쎄ㅎ	말 (동물)
ហ 허	េា 아으	ហេា	하으	부르다
ក 꺼	ំ 어옴	កំ	꺼옴	~ 하지마

자음 + 모음 + 자음

자음 1	모음	자음	단어	발음	뜻
ក	ៀ 이어	ប	ក្បៀប	끼업	(물건을) 짜다
ខ	ា 아	ង	ខាង	캉	~ 쪽 (방향)
ច	ិ 에	ត	ចិត	쩻	자르다
ឆ	ុ 오	ង	ឆុង	총 / 처옹	젓다
ជ	ួ 우어	ល	ជួល	두얼	너머지다
ត	ើ 아에	ម	តើម	따엠	우표
ថ	ឿ 아으	ប	ថឿប	타읍	입맞춤하다
ប	ាំ 암	ង	បាំង	방	가르다
ប	ិ 에	ត	បិត	벧	붙이다
ផ	ុ 오	ស	ផុស	포ㅎ	~ 나타나다
ហ	ិ 에	ត	ហិត	헷	(냄새를) 맡다
ឡ	ា 아	ន	ឡាន	란	자동차
អ	ា 아	ន	អាន	안	읽다

● 캄보디아어에서는 자음 하나가 단독으로 한 음절을 이루기도 합니다.

캄보디아어는 한글과 같이 "자음 + 모음" 그리고 "자음 + 모음 + 자음"이 한 음절을 이루기도 합니다.

더 나아가 캄보디아어는 자음과 모음이 결합하여 만들어진 단어들이 다른 단어들과 만나서 문장을 구성합니다. 한글은 문장 내에서 단어별 띄어쓰기 규칙이 있지만 캄보디아어는 상대적으로 모든 단어를 띄어쓰지 않습니다. 그리고 문장의 구성 요소인 서술어(동사) + 목적어의 어순을 가지고 있으며 한글과는 반대입니다. 한 문장이 마치 하나의 긴 단어처럼 보이지만 주어 + 서술어 + 목적어(보어)의 순으로 단어가 배치되어 있습니다. 한글과는 달리 캄보디아어는 조사가 없기 때문에 외국인이 쉽게 배워 익힐 수 있는 장점을 가지고 있습니다. 캄보디아어는 소리글로서 간단한 규칙으로 세상의 다양한 소리를 표현할 수 있는 언어입니다.

이 단원에서는 편의상 1그룹 자음만 다루고자 합니다.

제 13 과 **캄보디아어 단어 읽기 1 음절어 (2)**

មេរៀនទី 13
ការរៀនបញ្ចេញសម្លេងភាសាខ្មែរដំបូង

របៀបអានញាខ្មែរ   **1음절어 읽는 방법**

● 한글의 읽기와 쓰기 규칙이 간단명료하며 과학적이듯이 캄보디아어도 소리글로서 규칙이 간단하고 과학적입니다. 제 4과에서 설명드렸듯이 다음 규칙을 기억하면 음절의 단위를 쉽게 익힐 수 있습니다. 전체적으로 3가지의 경우가 있습니다.

자음 하나가 한 음절을 이루기도 하고 자음 (+안 쓰는 모음) + 자음 ,
자음 + 모음 + 자음 이 한 음절을 만들어 냅니다.

● 이 단원에서는 편의상 2그룹 자음만 다루고자 합니다.

គ យ ង ជ ឈ ញ ឌ ឍ ទ
ធ ន ព ភ ម យ រ វ ល

---

* " ឍ " 글자는 발음이 2개 밖에 없습니다. 자음으로 많이 쓰이지 않는 글자입니다.

자음 + 자음

● 한글은 음절이 성립되려면 "가"에서 처럼 " 자음 (ㄱ) + 모음 (아)" 이 기본이지만 캄보디아어는 자음이 모음음가를 동시에 가지고 있기 때문에 " 자음 (+ 안 쓰는 모음) + 자음" 으로 한 음절을 만들어 냅니다.

예) គ 꼬 (ㄲ+ 오) + យ 요 = គយ " 꼬이-" 라고 발음됩니다.

● 자음과 자음이 만날 때는 앞 자음은 기본음가를 유지해주고 뒤 자음의 음가는 받침으로 발음합니다. 그리고 2개의 자음이 결합되어 음가가 부드럽고 길어집니다.

복수자음	발음	뜻
គយ	꼬이-	세관
ទង	똥-	(꽃) ~송이
ទត	똣	보다 (왕실 언어)
មក	목-	오다
យក	욕-	갖다
លង	롱-	출몰하다
លប	롭-	슬쩍
រក	르록-	찾다

" យ " 글자는 단어의 끝에 (마지막) 있을 때 받침으로 발음하지 않고 "이"로 발음됩니다.

រៀនពាក្យ (ព្យញ្ជនៈ + ស្រៈ) 단어 연습 (자음과 모음)

자음	모음	단어	발음	뜻
គ	េ애-	គេ	깨-	(3인칭) 그
យ	ុំ오움	យុំ	코움	체포하다
ង	ៀ이어	ងៀ	응이어	(공무원위)등급
ជ	ិ이-	ជិ	찌-	비료
ឈ	ឺ으-	ឈឺ	츠-	아프다
ញ	ាំ오암	ញាំ	뇨암	캄보디아 음식
ទ	េៅ어으	ទៅ	떠으	가다
ធ	ំ옴	ធំ	톰	크다
ន	េាះ우어ㅎ	នោះ	누어ㅎ	그 (것, 곳)
ព	េាះ우어ㅎ	ពោះ	뿌어ㅎ	(사람의) 배
ភ	េ애-	ភេ	패-	수달 (동물)
ម	ិ이-	មិ	미-	라면
រ	ាំ오암	រាំ	로암	춤추다

⬤ 캄보디아어에서 제일 앞에 위치하는 자음 하나만으로도 한 음절을 이루기도 한다고 설명드렸습니다. 한 음절로 된 자음은 그룹을 구별하지 않습니다.

캄보디아어에서 자음이 모음과 결합할 때는 한글에서와 같이 "자음 + 모음" 그리고 "자음 + 모음 + 자음"의 형식으로 한 음절을 만듭니다.
이 단원에서는 편의상 2그룹 자음만 다루고자 합니다.

여기서는 캄보디아어 자음이 모음과 결합하여 한 음절이 된 단어들이 다시 다른 단어들과 만나서 문장 (주어 + 서술어 "동사" + 목적어) 을 이루는 방법에 대하여 살펴 보겠습니다.

⬤ 아래 문장들을 읽어보세요.

- ឈឺពោះ។   배가 아파요.

- គេឈឺ។   그는 아파요.

- ទៅរាំ។   춤추려 가요.

- ភេនោះធំ។   그 수달(동물)이 커요.

- គេយកភេទៅប៉ុ។ 그는 수달(동물)을 체포해요.

- គេលបរកភេ។   그는 수달(동물)을 찾아요.

자음 (2 그룹) + 모음 + 자음

● 단어의 끝에 (마지막) 오는 자음은 단지 받침으로만 사용되기 때문에 그룹을 구별
할 필요가 없습니다.

자음 2	모음	자음	단어	발음	뜻
ស	◌ុ 우-	ស	គូស	꾸흐	그리다
ញ	◌ើ 으-	ញ	ឃើញ	큰	보이다
ត	◌ុ 우-	ត	ងូត	응웃	(물로) 샤우다
ប	◌ួ 우어	ប	ជួប	쭈업	만나다
ម	◌ា 이어	ម	ឈាម	치엄	피
ក	◌ឹ 으	ក	ញឹក	뇨윽	자주
ក	◌ឺ 으	ក	ទឹក	뜩	물
ញ	◌ុ 우	ញ	ឃុញ	툰	지루하다
ង	◌ា 이어	ង	នាង	니엉	그녀 (3인칭)
ក	◌ុ 우	ក	ពុក	복	아버지
ទ	ែ◌ 애-	ទ	ភេទ	팻	성별
ន	◌ា 이어	ន	មាន	미언	있다
ន	េ◌ៀ 이어	ន	រៀន	리언	공부하다
ង	ែ◌ 애-	ង	លេង	랭	놀다

⬤ 캄보디아어에서 "자음 + 모음" 그리고 "자음 + 모음 + 자음"이 한 음절을 이루는 것에 대하여 앞에서 설명드렸습니다.

이번에는 좀 더 긴 문장을 읽어볼까요?
문장의 구성요소인 주어, 서술어, 목적어 혹은 보어를 갖춘 완성된 문장을 읽어 봅시다.

⬤ 아래 문장들을 읽어보세요. (음성파일)

- នាងមានឡាន។   그녀는 자동차가 있어요.

- គេលេងទឹក។   그는 물에서 놀아요.

- ពុកងូតទឹកញឹក។   아버지가 자주 샤워를 해요.

- នាងចេះគូសរូប។   그녀는 그림을 그릴 수 있어요.

- គេធុញរៀន។   그는 공부를 지루해 해요.

- នាងទៅជួបពុក។   그녀는 아버지를 만나러 가요.

● 이 과정에서 "자음 (2그룹) + 모음" 혹은 "자음 (2그룹) + 모음 + 자음" 형식으로 캄보디아어 단어를 살펴봤는데 쉽게 이해하셨죠?

- 앞서 설명했던 것처럼 자음의 음가 그룹이 파악 되었으면 모음 음가는 앞에 오는 자음 그룹에 따라 발음합니다.

- 제4과에서 자음 음가를 익혔고 간단한 문장도 다루어 보았습니다.
  캄보디아어의 쓰기와 읽기 과정은 한글 쓰기 방식과 달리 단어 사이에 공간 (띄어쓰기)이 없어서 초보자는 문장의 뜻을 파악하는데 어려움을 느낍니다.

- 그래서 크마에어 문장에 대하여 다시 설명하도록 하겠습니다.

● 캄보디아어에서는 주어 없이 단어 2개 (서술어 + 목적어 / 보어 등)만 있어도 문장을 만들 수 있습니다.

예) ឈឺ 서술어 + ពោះ 목적어

- ឈឺពោះ។   배가 아파요.

- ទៅរាំ។   춤추러 가요.

제 14 과 **캄보디아어 단어 읽기 2 음절어 (1)**

មេរៀនទី 14
ការរៀនបញ្ចេញសម្លេងភាសាខ្មែរដំបូង

របៀបអានព្យាង្គខ្មែរ 캄보디아어 음절 읽는 방법

● 이 단원에서는 2 음절의 단어 읽는 법을 공부하겠습니다.

1 음절의 단어 읽는법이 여기에서도 적용됩니다.

다만 어디에서 음절이 끝나고 시작되는지 그 위치만 파악하면 됩니다.

2 음절의 단어는 다음 4 가지의 규칙이 있습니다.

첫째 자음 + 자음 + 자음,

둘째 자음 + 자음 + 모음 + 자음 + 모음 + 자음,

셋째 자음 + 모음 + 자음,

넷째 자음 + 자음 + 모음 + 자음의 4가지 형태를 다루겠습니다.

● 발음의 원리는 자음이 뒤에 오는 모음과 결합하면서 음절을 만든다는 것입니다.

그러므로 " 자음(1) + 자음(2) + 자음(3) 일 때 자음(1)은 자음(2)와 분리되어 하나의 음절이 됩니다.

자음(2)는 본래 음가 (안 쓰는 모음)를 가지고 있기 때문에 자음(3)을 만나 (한글에서 "각" 처럼) " 자음 + 모음 + 자음"이 됩니다.

그래서 자음(1)은 자음(2)이 자음(3) 과 분리됩니다.

이 때 자음(1)은 자음 음가에 "으" (실제로는 정확한 소리를 내어 발음하지 않습니다)를 합쳐 발음합니다.

자음 / 자음 + 자음 (2음절어)

● 캄보디아어는 자음 하나가 한 음절을 이루기도 하고 모음 없이 " 자음 + 자음 "으로 한 음절을 이루는 방식도 있습니다. 자음이 모음음가를 동시에 가지고 있기 때문에 다음의 예에서 보는 단어는 " 자음 " / " 자음 (+ 안 쓰는 모음) + 자음"으로 만들어져 있습니다.

예) ក 꺼 / ក ក + រ = កករ "꺼-꺼" 라고 발음됩니다.

● 자음이 3개가 나란히 이어질 때는 앞에 오는 자음(1)은 그룹음가 그대로 (한 음절) 나누어서 한 음절을 이루고 둘째 자음인 자음(2)는 기본음가를 유지해주고 단어의 끝(마지막)에 오는 자음(3)은 단지 받침으로만 사용되기 때문에 그룹을 구별할 필요가 없습니다.

3개의 자음에서 제일 앞에 오는 자음(1)은 음가가 짧고 두번째와 세번째에 오는 두 개의 자음은 서로 결합하여 또 하나의 음절을 만들며 발음은 부드럽고 길어집니다.

● 아래 단어들을 살펴보겠습니다.

자음	자음	자음	단어	발음	뜻
ក (1)	ក (1)	រ	កករ	꺼-꺼	암금
រ (2)	ប (1)	រ	របរ	로-버	직업
រ (2)	ប (1)	ង	របង	로-벙	울타리
ល (2)	ល (2)	ក	លលក	로-록	비둘기
ព (2)	ព (2)	ក	ពពក	보-복	구름
ច (1)	ច (1)	ក	ចចក	쩌-쩍	여우

(1) & (2)는 자음 그룹음가 표시임.
자음의 그룹을 숙지하는 것이 캄보디어어 정확한 발음의 기초입니다

" រ " 는 묵음입니다.

자음 / 자음 + 모음 + 자음

● "자음 / 자음 + 모음 + 자음" 방식이 앞에 오는 자음(1)은 그룹음가 그대로(한 음절) 나누어서 읽어주고 자음(2)는 뒤에 오는 모음과 결합하면서 음절을 만듭니다. 단어의 끝에(마지막) 오는 자음(3)은 단지 받침으로만 사용되기 때문에 그룹을 구별할 필요가 없습니다.

● 아래 단어들을 살펴보겠습니다.

첫 번째와 두 번째에 오는 자음이 몇 그룹에 속하는지를 파악한 후 모음음가를 선택해서 소리내 읽어보세요.

자음	자음	모음	자음	단어	발음	뜻
ទ (2)	ទ (2)	ី	ក	ទទិក	또- / 떡 / 뜩	젖다 (물에)
ក (1)	ប៉ (1)	ា	ល់	កប៉ាល់	꺼- 빨 / 까빨	배
ល (2)	ល (2)	េ	ង	លលេង	로- 렝 / 랭	노림
ង (2)	ង (2)	ី	ត	ងងិត	응오- 응엇/응웃	어둡다
រ (2)	ន (2)	ា	ប	រនាប	로-니업	재목 바닥
រ (2)	ល (2)	ុ	ប	រល្ុប	로- 롭 / 룹	지워지다
ជ (2)	ជ (2)	ៀ	ក	ជជៀក	쪼- 짜엑 / 쩩	얘기하다
ទ	ទ	ួ	ល	ទទួល	또- 뚜얼/떠우얼	받다
ក	ក	ើ	ត	កកើត	꺼- 까웃 / 꼿	탄생
ញ	ញ	ិ	ម	ញញិម	뇨념 / 뇨니흠	미소

"◌" 번떡: 길고 부뜨러운 소리를 강하고 짧은 소리로 변화시키는 기호입니다.

자음 +모음 / 자음 + 모음 + 자음 (2음절어)

● "자음 + 모음"이 1 음절을 이루고 / " 자음 + 모음 + 자음"이 또 하나의 음절을 만들어 두 음절이 합쳐서 두개의 음절로 발음됩니다. 제 2과와 제 3과 그리고 제 4과 같은 방식으로 발음을 냅니다.

항상 강조하였듯이 자음이 어느 그룹에 속하는가를 정확하게 알고 있어야 하는 것이 매우 중요합니다.

● 아래 단어들을 살펴보겠습니다.

자음	모음	자음	모음	자음	단어	발음	뜻
ក (1)	◌ំ	ណ (1)	ើ	ត	កំណើត	껌-나웃	탄생
ន (2)	◌ិ	យ (2)	ា	យ	និយាយ	니-여이	말하다
ត (1)	◌ំ	ឡ (1)	ើ	ង	តំឡើង	떰-라응	설치하다
ច (1)	◌ំ	ណ (1)	ា	យ	ចំណាយ	쩜-나이	지불하다
ទ (2)	◌ំ	ន (2)	◌ិ	ញ	ទំនិញ	똠-닌	제품
គ (2)	◌ាំ	ព (2)	ា	រ	គាំពារ	꼬암-삐어	(건강에) 보호하다

"자음 + 모음" / " 자음 + 자음" (2 음절어)

● 자음 + 모음"이 1 음절을 이루고, "자음 + 자음"이 또 하나의 음절을 만듭니다. 제일 뒤에 위치한 자음(3)은 두번째 음절의 받침으로 사용되기 때문에 그룹을 구별할 필요가 없습니다.

● 아래 단어들을 살펴보겠습니다.

"발음"칸에서 자음이 몇 그룹에 속하는지 파악하여 발음 연습해 보세요.

자음	모음	자음	자음	단어	발음	뜻
ប (1)	◌ំ	ណ	ង	បំណង	범넝	기원하다
ស (2)	◌ំ	ណ	ង	សំណង	썸-넝!	짓는 건물
ច (1)	◌ំ	ណ	ង	ចំណង	쯤-넝	결속
ក (1)	◌ំ	រ	ង	កំរង	껌-롱	(추억록 등을) 엮다
ទ (2)	◌ំ	រ	ង	ទំរង	똠-롱!	형태
រr (1)	◌ំ	ណ	រ	រំណរ	엄-너	기쁨

"자음 + 모음" / "자음 + 모음"

● "자음 + 모음" / "자음 + 모음" 자음과 모음이 결합하여 (한 음절) 나누어서 읽어
주고 뒤에 오는 자음과 끝에 (마지막) 오는 모음이 결합하여 2 음절로 발음합니다.

● 아래 단어들을 소리내어 읽어 보세요.

자음	모음	자음	모음	단어	발음	뜻
ភ (2)	ា (2)	ស	ា	ភាសា	피어-싸	언어
ព	◌ុ	ថ	ៅ	ពុថៅ	뿌-타으	도끼
ស	◌ំ	ព	◌ះ	សំពះ	썸-뻬아ㅎ	절
ញ	◌ាំ	ញ	◌ើ	ញាំញើ	뇨암-니이	황폐해지다
អំ	◌ំ	ព	ើ	អំពើ	엄-쁘	행동, 효과, 의무
ព	◌ុ	ក	◌ើ	ពុកើ	뿌-까에	잘하다

101

자음 +모음 + 자음 / 자음 + 모음 + 자음 (2음절어)

● 여기에서는 "자음 + 모음 + 자음"의 결합 형식이 두 번 반복되고 있습니다. 모음 뒤에 오는 자음이 받침으로 사용되고 있음을 기억하세요. 자음이 모음 앞에 위치할 때 그룹을 파악할 필요가 있는 것이고 받침으로 사용될 때는 그룹을 구별할 필요가 없습니다.

● 아래 단어들을 소래내어 읽어 보세요.

자음	모음	자음	자음	모음	자음	발음
ម	◌ុ	ល	ហ	េ◌	ត្ [발음 안함]	물-헷
មូលហេតុ					이유	
ក	◌ា	រ	ង	◌ា	រ	까-응이어
ការងារ					일하다	
ជ	◌ួ	ស	ជ	◌ុ	ល	쭈어ㅎ-쭐
ជួសជុល					고치다	
ឌ	េ◌	រ	◌ៗ	◌ា	រ	레워-아워
ឌ្យេរ៉ៗ្វារ					단추	
រ	◌ី	ក	រ	◌ា	យ	릭-리어이
រីករាយ					기쁨	

"자음 + 모음 + 자음" / "자음 + 모음"

● "자음 + 모음 + 자음"이 한 음절을 이루고, 그 뒤에 "자음 + 모음"이 또 하나의 음절을 이루고 있습니다. 앞에서 공부한 발음 규칙을 활용하면 쉽게 발음할 수 있습니다.

● 아래 단어들을 소리내어 읽어 보세요.

자음	모음	자음	자음	모음	발음
ជ (2)	◌ួ	ប	ជ (2)	◌ុំ	쭈업-쪼움
ជួបជុំ				모임	
ស (1)	េ◌ៀ	រ	ភ (2)	េ◌ៅ	씨어워-퍼으
សៀវភៅ				공책	
ទ (2)	េ◌	ស	ច (1)	◌ៜ	때써쩌
ទេសចរ				관광	
ទ (2)	េ◌	រ	ត (1)	◌ា	때워-따
ទេវតា				신	
ជ (1)	េ◌ើ	រ	ត (1)	◌ូ	다으-뚜어
ជើរតូ				연기하다	

제 15 과 **캄보디아어의 특징**

មេរៀនទី 15
លក្ខណៈពិសេសនៃក្រុមភាសាខ្មែរ

기 호

⬤ 캄보디아어에는 특별한 여러가지의 기호가 있습니다. 기호도 자음과 모음에 따라
각각의 음가를 갖고 있습니다. 그리고 자음과 모음을 결합할 때 음가를 보호해주고
음가를 변화시키는 역할도 합니다.

01 ៑ បន្តក់ 자음과 모음을 짧고 강하게 발음하게 하는 기호입니다.
"번떡" 라고 합니다.
자음 "ក ង ច ញ ត ន ប ល ស" 에만 표시합니다. "자음1 그룹 + 자음"
형태에는 "어ㅎ"며 "자음 2그룹 + 자음" 형태에는 "오ㅎ" 발음으로 합니다.

02 ៕ មូសិកទន្តឬ ធ្មេញកណ្ដុរ 자음그룹 음가인 고음 (오 그룹)을 저음 (어 그
룹)으로 변환시키는 기호입니다. "모쎄까또안" 혹은 "트메인껀딜" 라는 합니
다. 제11과를 참고하세요.

03 ៑ (ត្រីសព្ទ 자음그룹 음가 저음 (어 그룹)을 고음 (어 그룹)으로 변환 시키는
기호입니다. "뜨라이쌉"라고 합니다. 제11과 참고하세요.

04 ៑ របាទ 표시된 모음이 "오아" 소리를 내는 기호입니다. "로밧"라고 합니다.

05 ៑ អស្ដា 표시된 자음을 강하게 발음합니다. "아쓰다"라고 합니다. 보통 5개
자음 (ក ជ ន ម ហ) 위에 위치합니다.

06 ៑ ទណ្ឌឃាត 표시된 자음 ㅇ, ㄴ 발음하지 않습니다. "또안나키얻"이라고 합
니다. 자음을 묵음화시키는 기호입니다. 4개 자음 (ន ម ហ ណ) 위에
위치합니다

07 ំ សំយោគសញ្ញា 표시된 모음이 "오아 / 악, 에악 / 아이, 에이 / 안, 오안 / 안, 오안 / 압, 오압" 등으로 발음됩니다. "썸욕싼냐"라고 합니다.

08 ះ យុគលពិន្ទុ 표시된 모음을 "아 (ㄱ)"음으로 발음합니다. "요꼴삔뚜"라 고 합니다. 이 기호는 자음의 뒤에 붙습니다.

09 ័ កាកបាទ ឬ ជើងវ្ញ្ហ្ក 감탄하거나 놀람을 표시하거나 자음을 부드럽게 발음하게 하는데 "깍밭" 혹은 " 쩌응끄아엑"라고 합니다.

10 ៗ លេខទៅ 두 번 반복해서 읽는 기호입니다. "렉또우"라고 합니다.

11 ។ ខណ្ឌ 마침표 기호입니다. "칸"이라고 합니다.

12 ៖ ភ្នែកមាន់ 기타표 기호입니다. "프넥-모안"이라고 합니다.

13 { } គៀប 압축 기호입니다. "끼업"이라고 합니다.

14 ( ) វង់ក្រចក 삽압구 기호입니다. "워엉끄러쩍"이라고 합니다.

15 ។ល។ លាក៍ 등등 기호입니다. "락ㅎ"이라고 합니다.

16 ! ឧទាន 느낌표 기호입니다. "우띠언"이라고 합니다.

단어의 마지막에 오는 자음의 발음 규칙

● 단어의 마지막 자음 (받침)

가. 자음 " ក ខ គ ឃ "로 끝나면 [ㄱ]자음으로 읽습니다.

ដ + ឌិក = ឌិក
វ + ឌិក = វិក

ដ + ឌិក = ឌិក
ទ + ឌិក = ទិក

បូណាឌិកឌិដាំឈើ

ឌិកទឹក

ង + ៀក = ៀក

សុផាៀកងរ

ទ + ិក = ទក
ក + ិក = កក

កក

◌ុ ក

ៀ ក

ប + ◌ុ ក = ប៉ូក

ទ + ◌ុ ក = ទូក

ក + ៀ ក = ក្សៀក

ស + ៀ ក = សៀក

ទូក

សៀក

េ◌ ក

ែ◌ ក

ច + េ◌ក = ចេក

ស + េ◌ក = សេក

ដ + េ◌ក = ដេក

ច + ែ◌ ក = ចែក

ប + ែ◌ ក = បែក

ដ + ែ◌ ក = ដែក

វ + ែ◌ ក = វែក

វែក

ដេក

ចេក

បែកដប

ម + ្ក = ម្កក

ស + ុខ = សុខ
ម + ុខ = មុខ

ល + េខ = លេខ

ភ + ាគ = ភាគ
ន + ាគ = នាគ

នាគ

ម + េយ = មេយ

នៅលើមេឃមានពពក

109

나. 자음 " ង "로 끝나면 [이]자음으로 읽습니다.

ង

ក + ង = កង
ច + ង = ចង
ប + ង = បង
ទ + ង = ទង
ស + ង = សង

ង

ក + ង = កង់
ច + ង = ចង់
ប + ង = បង់
ទ + ង = ទង់
ស + ង = សង់

 ង

ម + ី ង = មីង
ល + ី ង = លីង

កង់

 ង

ឌ + ឹ ង = ឌឹង
រ + ឹ ង = រឹង

 ង

ហ + ា ង = ហាង
ព + ា ង = ពាង

ស + ាំ ង = សាំង
ព + ាំ ង = ពាំង

ពាង

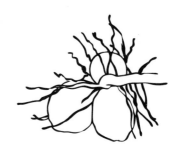

ម + ◌ុ ង = មុង
ច + ◌ុ ង = ចុង
ធ + ◌ុ ង = ធុង

ជ + ◌ូ ង = ជូង
រ + ◌ូ ង = រូង
ឈ + ◌ូ ង = ឈូង

ល + ◌ួ ង = លួង
ជ + ◌ួ ង = ជួង
ខ + ◌ួ ង = ខួង

ដូង

ឆុងសាំង

យ + ើ ង = យេីង
ជ + ើ ង = ជេីង
ធ + ើ ង = ធេីង

111

다. 자음 "ណ ន ញ"로 끝나면 [ㄴ]자음으로 읽습니다.

ណ

គ + ុ ណ = គុណ

ន			ន់		
ប + ន	=	បន	ប + ន់	=	បន់
ម + ាន	=	មាន	ម + ាន់	=	មាន់
៣ + ាន	=	៣ាន	៣ + ាន់	=	៣ាន់
៩ + ាន	=	៩ាន	៩ + ាន់	=	៩ាន់
អ + ាន	=	អាន	ក + ាន់	=	កាន់

ប្លូន រៀន ៣្លន កុន មុន ៣្លន ជួន ដូន ទៃមន

តាផនជាជាងជួសជុលឡ្លាន។
តាត់មិនទាន់ជាចាស់ណាស់ណាទេ។
មេមាន់នេះមានកូនប្លូន។
ចៅស្លនអូសរទេះគោ។

អាន

ញ

ទ	+ ◌ិញ	=	ទិញ
រ	+ ◌ុញ	=	រុញ
ជ	+ ◌ុញ	=	ជុញ
ច	+ េ◌ញ	=	ចេញ
ដ	+ េ◌ញ	=	ដេញ
វ	+ ◌ិញ	=	វិញ
ស	+ ◌ុញ	=	សុញ
យ	+ េ◌ីញ	=	យេីញ
៧	+ េ◌ញ	=	៧េញ

ញ៉

ច	+ ៣ញ៉	=	ចាញ៉
ប	+ ៣ញ៉	=	បាញ៉
ក	+ ៣ញ៉	=	កាញ៉

រុញ

ពួកសំដិះទូកទៅបង់សំណាញ់នៅបឹងធំ។
នារីចេញពីសាលារៀន។

라. 자음 " ថ ឆ ជ "로 끝나면 [ㅈ]자음으로 읽습니다.

ច	ច់

ក + ា ច = កាច   ក + ា ច់ = កាច់

ស + ា ច = សាច   ស + ា ច់ = សាច់

ប + ា ច = បាច   ប + ា ច់ = បាច់

ល + ួ ច = លួច   ជ + ា ច់ = ជាច់

ស + ើ ច = សើច

វ + េ ច = វេច

ល + េ ច = លេច

ប + ោ ច = បោច

ទ + ោ ច = ទោច

ជ

វ + ា ជ = វាជ

ម + ុ ជ = មុជ

ព + ួ ជ = ពួជ

កុមារមានពួជចេះគោរពចាស់ទុំ។
នារីមុជទឹកបឹង។

ទោច

마. 자음 " ឆ ឈ "로 끝나면 [ㅊ]자음으로 읽습니다.

바. 자음 " ត ទ ដ ដ្ឋ ឋ ឌ ថ ធ ឍ ស "로 끝나면 [ㄷ/ㅅ]자음으로 읽습니다.

ត					ត់				
ប	+	◌ាត	=	បាត	ប	+	◌ាត់	=	បាត់
ប	+	◌ិត	=	បិត	ហ	+	ត់	=	ហត់
ច	+	ត	=	ចត	ច	+	ត់	=	ចត់
ល	+	េ◌ាត	=	លោត	រ	+	ត់	=	រត់
ច	+	◌ិត	=	ចិត	ប	+	ត់	=	បត់
ម	+	◌ុត	=	មុត	ក	+	◌ាត់	=	កាត់

ទ					ថ				
ប	+	◌ាទ	=	បាទ	រ	+	ថ	=	រថ

ចៅសៅមុតដៃនឹងកាំបិតចេញឈាម។
នារីរត់លេងនៅសាលារៀន។

លោត

រត់

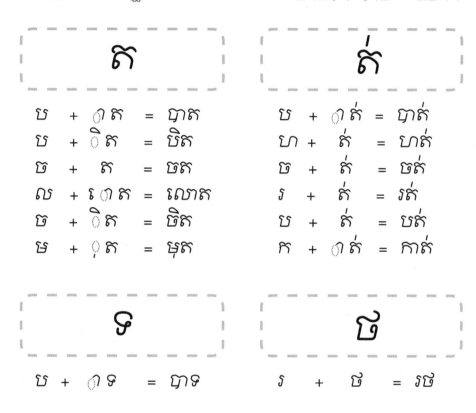

ស		ស់

ច + ឿ ស = ឆ្យើស　　　ច + ា ស់ = ចាស់
អ + ូ ស = អូស　　　ព + ស់ = ពស់
ល + ើ ស = លើស　　　រ + ស់ = រស់
ជ + ូ ស = ជូស　　　វ + ា ស់ = វាស់
ខ + ុ ស = ខុស　　　ទ + ា ស់ = ទាស់
រ + ឺ ស = រឺស　　　គ + ា ស់ = គាស់

អូស

ពស់

사. 자음 " ម "로 끝나면 [ㅁ]자음으로 읽습니다

ម		ម

គ + ា ម = គាម　　　ប + ុ ម = ប៊ុម
ស + ើ ម = សើម　　　រ + ុ ម = រ៊ុម
ស + ុ ម = សុម　　　ឈ + ា ម = ឈាម

아. 자음 " ប "는 단어의 앞 자음으로 나올 때는 2가지 음가를 가지고 있습니다.
[ㅂ(자음1그룹)/(변형자음2그룹) ㅃ(변형자음1그룹)]자음으로 읽습니다.

ប	ប់

ក + ប = កប	ក + ប់ = កប់
ច + ប = ចប	ច + ប់ = ចប់
ច + ាប = ចាប	ច + ាប់ = ចាប់
ល + ាប = លាប	ល + ាប់ = លាប់

ហិប ទៀប ថែបប កើប រូប ជួប ឃ្ឍាយដិនើប

자. 자음 " ៣ ្ឈ ផ ភ "로 끝나면 [ㅂ/ㅍ]자음으로 읽습니다.

៣	ភ

ភ + ា៣ = ភា៣	ល + ៅ ភ = លោភ
	ល + ា ភ = លាភ

សនលីចបទៅកាប់វាស់ជី។
លោភពោកនាំអោយខាតលាភ។
បូណានិងនារីទៅជួយដេញចាបជីតានៅចំការ។

សំបុកចាប

차. "ស"는 자음에 나오면 묵음이 되지만 앞의 모음이 "◌ុ"인 경우에는 "ល"로 발음합니다.

	ស				ស	
ហ	+	ើរ = ហើរ	ស	+	◌ុ ង = សុង
រង	+	◌ា រ = រងារ	ស	+	◌ុ ញ = សុញ
ង	+	◌ា រ = ងារ			

	ល				ល់	
រ	+	◌ិ ល = រិល	ប	+	◌ា ល់ = បាល់
ដ	+	◌ូ ល = ដូល	ស	+	ល់ = សល់
បប	+	◌ែ ល = បបែល	រ	+	◌ា ល់ = រាល់
ហ	+	◌ែ ល = ហែល	ដ	+	ល់ = ដល់

ចៅសុខលេងបាល់ទាត់នៅសាលារៀន។

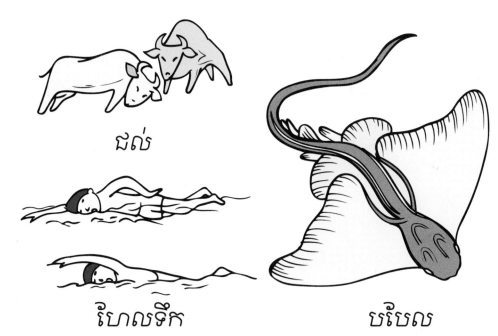

ដល់

ហែលទឹក   បរិបល

카. " ် "로 단어의 끝 자음으로 쓰이면 [우]나 [의]로 읽습니다.

်

ប + ា ် = បា ်
អ + ា ် = អា ်
ក + ិ ် = ិក ်
ង + ា ် = ងា ្
ខ + ៀ ់ = ខៀ ់
ឡ + ោ ់ = ឡោ ់
ច + ិ ់ = ិច ់
រ + ា ់ = រា ់

ងា ្

ិក ்

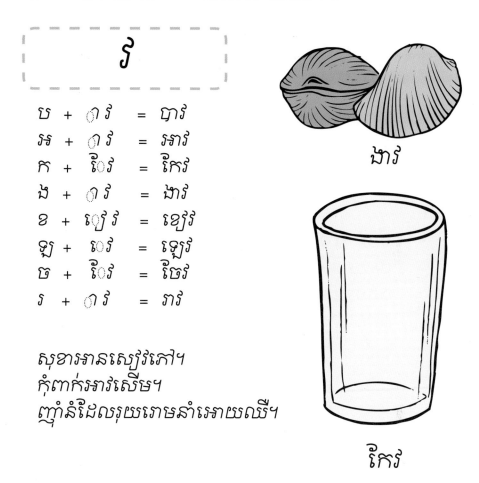

សុខាអានស្យៀ ្រនៅ។
កុំពាក់អា ្រសើម។
ញ៉ាំនំដែលru ្យ ្រមនាំអោយឈឺ។

타. " ហ "와 " អ "는 받침을 만났을 때 발음하지 않습니다. "묵음"
   그러나 외래에서 파생된 단어들은 [ㅍ]의 발음으로 읽습니다.

파. " ហ "는 자음 1 그룹"어"이지만 " គ ជ ទ ្ "에 있으면
   자음 2그룹 "오"음으로 읽어야 합니다.

하. " ឈ "로 단어의 끝에 자음으로 쓰이면 [이]로 읽습니다.

ឈឝ

ប + ◌ាឝ = ប៉ាឝ   ល + ◌ាឝ = លាឝ

ច + ◌ាឝ = ចាឝ   ឈ + ◌ាឝ = ឈាឝ

អ + ◌ៅឝ = ៅអាឝ   រ + ◌ុឝ = រុឝ

ជ + ◌ួឝ = ជួឝ   ម + ◌ួឝ = ម្ខឝ

ងុឝ ហេឝ ឡេីឝ ដេីឝ នេៀឝ
ជិនុឝ និឝាឝ របេហឝ កកាឝ រល្ខឝ
ចង់ចេះៅអាឝខំរៀន ចង់មានៅអាឝខំរក។
ឝាឝបំពេចៅថា ៖ ចៅអេីឝគេងៅ។

នារីនិឝាឝជាមួឝនឺងបូផា

거. 받침 "ក្ត ឆ្ង ដ្ឋ ស្ញ ន្ត ៃ ៃ ត្ក ក្យ ទ្យ " 형태에서는 발음하지 않습니다.

숫 자

한국에서는 수를 표기 할 때 아라비아숫자를 사용하지만 캄보디아에서는 아라비아숫자 이외에 고유의 문자로도 수를 표기합니다. 캄보디아어 숫자는 생소하지만 5진법을 사용하기 때문에 쉽게 외울 수 있습니다.

대문자	일반	손글자	크마에어	숫 자	발 음
០	០	០	សូន្យ	0	쏜
១	១	១	មួយ	1	무어이
២	២	២	ពីរ	2	삐
៣	៣	៣	បី	3	베이
៤	៤	៤	បួន	4	부언
៥	៥	៥	ប្រាំ	5	쁘람
៦	៦	៦	ប្រាំមួយ	6	쁘람모이
៧	៧	៧	ប្រាំពីរ	7	쁘람삐
៨	៨	៨	ប្រាំបី	8	쁘람바이

대문자	일반	손글자	크마에어	숫 자	발 음
៩	៩	៰	ប្រាំបួន	9	쁘람부언
១០	១០	១០	ដប់	10	덥
២០	២០	២០	ម្ភៃ	20	모페이
៣០	៣០	៣០	សាមសិប	30	쌈썹
៤០	៤០	៤០	សែសិប	40	싸에썹
៥០	៥០	៥០	ហាសិប	50	하썹
៦០	៦០	៦០	ហុកសិប	60	혹썹
៧០	៧០	៧០	ចិតសិប	70	쩓썹
៨០	៨០	៨០	ប៉ែតសិប	80	빠엩썹
៩០	៩០	៩០	កៅសិប	90	까으썹
១០០	១០០	១០០	ម្លួយរយ	100	모이러이

● 숫자 쓰기 연습

대문자	일반	손글자	크마에어
0			
១			
២			
៣			
៤			
៥			
៦			
៧			
៨			
៩			

대문자	일반	손글자	크마에어
១០			
២០			
៣០			
៤០			
៥០			
៦០			
៧០			
៨០			
៩០			
១០០			

Go Cambodia!

캄보디아어 기초문법

이 책은 아시안허브에서 운영하는
아시아랭귀지 동영상 사이트 교재로,
http://asianlanguage.kr로 들어오시면 강사님과 함께
차근차근 공부하실 수 있습니다.

2015년 10월 1일 1판 1쇄 발행

편저자 이찬댓
발행인 최진희

펴낸곳 (주)아시안허브
등   록 제2014-3호(2014년 1월 13일)
주   소 서울특별시 관악구 신림동 1523 일성트루엘 501호

[교재주문 및 학습문의]
전   화 070-5017-3028 / 070-8676-30258
홈페이지 http://asianhub.kr, http://asianlanguage.kr
이메일 asianhub@naver.com

ⓒ 아시안허브, 2015
이 책은 무단 전재 또는 복제 행위를 금합니다.

값 10,000원
ISBN 979-11-952076-6-4 (03730)

이 도서의 국립중앙도서관 출판예정도서목록(CIP)은
서지정보유통지원시스템 홈페이지(http://seoji.nl.go.kr)와
국가자료공동목록시스템(http://www.nl.go.kr/kolisnet)에서
이용하실 수 있습니다. (CIP제어번호: CIP2015026412)